RAPPORT

SUR

L'ÉTABLISSEMENT THERMAL DU MONT-DORE

Fait au Conseil général du Puy-de-Dôme

DANS SA SÉANCE DU 2 SEPTEMBRE 1887

PAR

M. Oct. BURIN DES ROZIERS

CLERMONT-FERRAND

TYPOGRAPHIE ET LITHOGRAPHIE G. MONT-LOUIS

Rue Barbançon, 2

1887

RAPPORT

SUR

L'ÉTABLISSEMENT THERMAL DU MONT·DORE

Fait au Conseil général du Puy-de-Dôme

DANS SA SÉANCE DU 2 SEPTEMBRE 1887

Par M. Oct. BURIN DES ROZIERS

───────

« MESSIEURS,

» Je viens, au nom de la Commission spéciale du Mont-Dore, vous rendre compte de la dernière partie de la mission que vous nous aviez confiée à votre session d'août 1886 et dont, par la force même des choses, nous n'avions pu entièrement nous acquitter lors de votre réunion d'avril.

» Je ne sais si vous avez encore présentes à la mémoire les importantes résolutions que vous avez prises dans la séance du 23 avril 1887..... Vous voulez bien me dire que vous en avez gardé bon souvenir : je vous en remercie et, quant à moi, je n'oublierai jamais l'accueil si unanimement sympathique que vous avez bien voulu réserver, ce jour-là, au rapporteur chargé de développer devant vous les conclusions prises par votre Commission pour assurer le développement de notre belle station thermale, le plus précieux joyau de notre propriété départementale.

» Vous me permettrez, Messieurs, de vous les résumer succinctement :

» Vous avez voté qu'une nouvelle adjudication de notre Etablissement, dont le bail actuel finit le 31 décembre 1889, aurait lieu le 10 janvier 1888 ;

» Que les conditions principales du cahier des charges seraient :

» 1° Un bail de soixante années ;

» 2° L'apport immédiat, ou, du moins, dans un délai très limité, d'une somme de 2,600,000 francs ;

» 3° Le paiement d'un fermage annuel à déterminer d'après le montant des soumissions, mais qui ne pourrait être inférieur à cent mille francs.

» Vous avez en outre fixé ainsi qu'il suit la répartition des 2,600,000 francs demandés à titre d'apport immédiat au concessionnaire :

» Deux millions pour la construction de l'Etablissement ;

» Deux cent mille francs pour travaux d'assainissement et d'embellissement de la station thermale ;

» Quatre cent mille francs réservés soit pour liquider notre situation financière vis-à-vis de M. Chabaud, soit surtout pour constituer le fonds de réserve de l'avenir.

» Vous avez enfin décidé que les travaux de restauration de l'Etablissement seraient exécutés, à la suite d'adjudications publiques, sur les plans et devis dressés par M. Camut, architecte de l'Ecole normale des filles.

» Quelle satisfaction c'eût été pour votre Commission spéciale si, après le vote de ces graves décisions qui constituaient, en définitive, tout le programme de la prochaine adjudication, nous avions pu considérer comme terminée la lourde tâche que vous nous aviez confiée et à l'accomplisement de laquelle, à défaut d'autre mérite, nous avions apporté le zèle le plus laborieux, le dévouement le plus absolu et le plus ardent patriotisme.

» Malheureusement, par la force même des choses, nous avions dû nous arrêter, dans l'exécution de notre mandat, aux questions de principe et nous garder soigneusement d'engager les points de fait et de détail évidemment subordonnés à votre vote souverain.

» N'eût-il pas été imprudent, par exemple, de prier M. le Préfet d'entrer en pourparlers avec les propriétaires des immeubles pouvant être compris dans l'agrandissement de l'Etablissement, avant de savoir si vous vouliez trancher la question de l'avenir de notre propriété départementale par une vente ou par un bail ?

» N'eût-il pas été encore plus regrettable de demander à

l'honorable M. Camut un plan définitif avant de savoir si, oui ou non, vous mettriez la conception du nouvel Établissement au concours? si, oui ou non, vous accepteriez les évaluations de dépenses relativement très élevées, grâce auxquelles vous pourrez faire non une restauration, mais une complète transformation de notre station balnéaire?

» C'est sur ces deux points, en même temps que sur la rédaction définitive de notre cahier des charges, que le Conseil général, dans sa séance du 22 avril 1887, a confirmé à sa commission le mandat qu'il lui avait précédemment donné..... C'est sur ce terrain que, de concert avec M. le Préfet, elle n'a cessé, depuis la dernière session, de porter ses soins les plus attentifs : c'est du résultat définitif de ces travaux que j'ai la lourde charge de venir vous entretenir.

» J'aurais voulu le faire dès les premiers jours de la session ; mais, à ce moment, l'Administration était encore en pourparlers avec quelques propriétaires; et, d'un autre côté, M. Camut n'a pu, que hier seulement, nous apporter le premier aperçu du travail d'application de ses plans aux terrains que nous pouvions acheter.

» Placé entre deux alternatives :

» Ou de prier le Conseil général de renvoyer sa décision définitive à la session d'avril 1888 et, par conséquent, de reculer de six mois au moins l'adjudication ;

» Ou de présenter au sein de cette assemblée des observations orales sur des décisions que, jusqu'à la dernière heure, il nous avait été impossible de consigner par écrit, nous avons préféré vous faire un rapport verbal ayant l'immense avantage d'éviter l'ajournement d'une question éminemment urgente.

» Pour remplir cette tâche, j'ai besoin plus que jamais de votre bienveillante attention, et je vous supplie de vouloir bien me l'accorder.

§ 1.

ACQUISITION D'IMMEUBLES.

» Presque tous, Messieurs, vous connaissez le Mont-Dore : ceux que leur santé, ou mieux encore, l'attrait d'excursions dans nos belles montagnes n'y ont pas appelé, ont pu se rendre compte, par les différents plans qui vous ont été soumis, de la situation topographique de notre Etablissement thermal.

» Il se compose, vous le savez, de deux grands bâtiments dont l'un est plus spécialement réservé au service des bains et buvettes, dont l'autre, au contraire, est consacré aux salles d'inhalation et qu'on désigne généralement sous le nom d'Etablissement des vapeurs.

» Si ces deux constructions avaient été édifiées au milieu d'un parc, à la proximité de propriétés non bâties, il eût été facile de réaliser les embellissements, les transformations que nous rêvons et que rendent nécessaires non-seulement les progrès de la science, mais aussi l'affluence chaque année plus considérable des malades et des touristes.

» A moins de faire une œuvre stérile, nous devions forcément faire mieux, mais aussi, mais, surtout, faire plus grand que ce qui existe aujourd'hui.

» Malheureusement, soit l'établissement principal, soit le bâtiment des vapeurs, sont, d'un côté, bornés par une place ou des rues auxquelles il n'était pas possible de toucher et, de tous les autres côtés, resserrés entre des maisons, des hôtels d'une grande valeur et dont l'acquisition ne pouvait se faire, nous n'avions aucune illusion à cet égard, qu'à des prix très élevés.

» Le grand Etablissement surtout est encadré au nord par l'hôtel de France, l'hôtel de l'Univers et l'hospice actuel; au midi, par l'hôtel Boyer-Bertrand : tous ces immeubles devaient être englobés dans le plan de restauration tel que nous l'avions conçu, tel que nous voudrions le voir exécuter ; mais il est malheureusement pour les départements comme pour les particuliers une question qui domine..... je devrais dire qui prime toutes les autres : c'est la question d'argent : et lorsque le Conseil général a décidé de demander au nouvel adjudicataire une somme de 2,600,000 francs pour réaliser l'œuvre de transformation du Mont-Dore, il n'a certainement pas imposé une condition trop onéreuse pour les capitalistes qui auront l'intelligent courage de tenter cette entreprise d'un grand avenir, mais il est allé jusqu'à la limite au delà de laquelle le succès pouvait être compromis.

» Or, vous le savez , Messieurs, sur ces 2,600,000 francs, six cent mille francs sont immobilisés, soit pour payer nos dettes, soit pour embellir la station , soit enfin pour constituer la réserve de l'avenir.

» Deux millions nous sont réservés pour l'Etablissement luimême et ses dépendances : nous pensions, en vous demandant de les voter , avoir les crédits suffisants pour acheter tout ce qui rentrait dans l'exécution de notre programme, pour construire tout ce que nous avions rêvé. Hélas ! Messieurs, qu'il a fallu en rabattre quand nous nous sommes trouvés sur les lieux et que nous avons dû compter avec les propriétaires dont les immeubles nous étaient nécessaires!

» J'ai eu l'honneur de vous le dire à votre dernière session : La restauration projetée nécessitait tout d'abord la démolition de l'hospice actuel et sa reconstruction dans des conditions dignes de l'œuvre que vous voulez accomplir et « en rapport » avec les sentiments profondément démocratiques du Conseil » général du Puy-de-Dôme, pour lequel il n'existe pas de ques- » tions qui priment celles qui concernent le soulagement des » déshérités de la nature et de la fortune. »

» Vous aviez applaudi cette déclaration lorsque je l'avais émise devant vous ; nous avons trouvé dans votre approbation un puissant encouragement à aller jusqu'au bout dans cette voie humanitaire.

» D'après les prévisions de M. l'Architecte, de M. le Préfet et de la Commission, l'hôpital démoli devait être reconstruit aux flancs de la montagne à laquelle est adossé le grand Etablissement.

» Pour cette œuvre , nous avions prévu :

» Comme acquisition..... ....   30.000 »
» Comme construction.....................   130.000 »
» Comme services balnéaires..............   5.000 »

Soit au total......   165.000 »

» Or, quand M. le Préfet s'est mis en relations avec les différents propriétaires dont les terrains nous étaient nécessaires pour édifier notre nouvel hôpital, quoiqu'ils fussent placés dans des quartiers détournés , mal percés, sur des pentes presque abruptes, tous ses efforts, toutes ses supplications sont venus

se briser contre des prétentions auxquelles nous ne pouvions
nous attendre et qui élevaient, même après des concessions ar-
rachées vous ne sauriez croire avec quelle peine , le prix de
l'emplacement de l'hôpital réduit à 400 mètres carrés, à plus de
60,000 francs.

» Payer plus du double de ce que nous avions cru évaluer
très cher, un emplacement moitié moins grand que celui qui
nous était indispensable , c'était, je puis vous l'affirmer, une
perspective bien dure pour votre Commission, justifiant jusqu'à
un certain point les symptômes de découragement qui se mani-
festaient chez quelques-uns d'entre nous, si, sur ce point du
moins, nous n'avions eu la bonne chance d'être mis en relations
avec la communauté du Bon-Pasteur qui, possédant à l'entrée
du Mont-Dore, sur la route de La Bourboule et de Laqueuille
un magnifique établissement d'instruction, nous proposa de nous
le céder pour le transformer en hôpital départemental.

» La visite de ce très beau couvent, admirablement situé sur
les bords de la Dordogne, la certitude que nous donna M. Camut,
qu'il pouvait facilement, très promptement et sans grands
frais, être aménagé pour les services hospitaliers, son étendue
de près de 1,800 mètres, décidèrent votre Commission à donner
son approbation la plus énergique au projet de traité par lequel
la communauté consentait à vendre à M. le Préfet l'immeuble
et une partie de l'enclos au milieu duquel il est construit,
moyennant 158,000 francs.

» Nous restions ainsi dans nos prévisions budgétaires puisque l'architecte ne demandait que la différence entre le prix
d'acquisition et le chiffre de 165,000 francs dont je viens de
vous parler, pour faire des réparations nécessitées par le chan-
gement de destination.

» Nous obtenions un résultat encore plus précieux : Au lieu
de perdre une année à construire l'hôpital et , par conséquent,
au lieu de retarder d'un an le commencement des travaux,
nous pouvions, dès la saison de 1888, installer les malades indi-
gents dans le couvent du Bon-Pasteur et en même temps ou-
vrir un premier et très important chantier pour la construction
de l'Etablissement proprement dit.

» En agissant ainsi, votre Commission a la conviction d'avoir
tout à la fois sauvegardé les intérêts financiers qui lui étaient

confiés, et procuré au Département un immeuble sur la façade duquel il peut, avec un légitime orgueil, inscrire : *Hospice Départemental*, car il répond de la manière la plus large à tous les besoins de la science et de l'humanité.

» Cependant, Messieurs, sur ce point, comme sur tous ceux que nous avons été appelés à traiter, nous n'avons pas voulu prendre de décision sans avoir consulté les nombreux médecins installés au Mont-Dore au moment de la saison, et qui sont constitués en société médicale.

» Nous avons appelé leur attention sur la distance qui sépare l'immeuble du Bon-Pasteur de l'Etablissement (370 mètres environ), et nous leur avons demandé s'ils ne voyaient pas là une situation défavorable pour la santé des malades qui seraient obligés de faire chaque jour ce trajet.

» Tous ont été unanimes à déclarer que le danger que nous leur signalions n'existerait pas si le Concessionnaire était tenu d'assurer un service de porteurs ou d'omnibus, grâce auquel on éviterait, pour les pensionnaires de l'hospice, les inconvénients de ce trop grand éloignement.

» Cette déclaration très nette nous enleva notre seule inquiétude, et, pour répondre aux désirs des honorables médecins, nous avons inséré dans notre cahier des charges un article par lequel le Concessionnaire sera rigoureusement tenu de faire transporter à l'Établissement soit dans un omnibus, soit dans des chaises à porteurs tous les malades pour lesquels les médecins jugeraient la course à pied comme dangereuse.

HÔTELS AVOISINANT L'ÉTABLISSEMENT.

» Cette question de l'hospice départemental ainsi définitivement et heureusement tranchée, il nous restait, Messieurs, à tâcher d'obtenir, à des conditions acceptables, la cession des hôtels de l'Univers et de France au nord, et de l'hôtel Boyer-Bertrand au midi de l'Établissement.

» Les uns et les autres, en effet, et à des titres divers, étaient compris dans notre plan de restauration.

» Messieurs les Médecins avaient déclaré qu'il serait souverainement avantageux que les malades pussent faire leur trai-

tement complet sans avoir à traverser la rue pour passer de l'Établissement des bains dans le bâtiment des vapeurs.

» Dans ces conditions dont nous comprenions la parfaite exactitude, l'acquisition des hôtels de France et de l'Univers s'imposait tout d'abord puisque c'était seulement en achetant ces deux immeubles que nous pouvions créer une communication au moyen d'une passerelle entre nos deux établissements.

» D'autre part, non-seulement au point de vue architectural, mais encore pour comprendre dans la propriété départementale une source thermale qui se trouve dans les sous-sols de l'hôtel Boyer-Bertrand, il eût été vivement désirable qu'un traité intervînt entre M. le Préfet et les propriétaires de cet immeuble.

» Pour obtenir ce double résultat, vous ne sauriez croire, Messieurs, quelles instances, soit M. le Préfet, soit la Commission ont tentées, ont renouvelées vis-à-vis des parties intéressées.

» Il est de notre devoir de les souligner dans ce rapport, car il importe que, vis-à-vis de nos collègues et de l'opinion publique, les responsabilités de notre demi-échec soient nettement établies.

» Je dis notre demi-échec, car il serait injuste de ne pas reconnaître que, dès l'abord, nous avons trouvé chez M. Tardif, propriétaire de l'hôtel de France, des propositions qui n'étaient point exagérées.

» Son immeuble est loué 6.000 francs, il nous en a demandé 130,000 francs. Vu la valeur des terrains au Mont-Dore, vu surtout le développement que prend chaque année notre station thermale, cette prétention non-seulement nous a paru acceptable, mais nous avons considéré comme un devoir de signaler publiquement l'attitude qu'avait prise dans cette circonstance M. Tardif. Tout en ne sacrifiant pas ses intérêts, il a compris qu'il ne devait pas faire *argent* de sa situation pour obtenir du département un prix usuraire. — C'est du bon, c'est du vrai patriotisme, et je suis persuadé que le Conseil général voudra bien s'associer à nous pour lui adresser nos félicitations et l'expression de notre gratitude.

» M. Chassagne, propriétaire de l'hôtel de l'Univers, a émis des prétentions un peu plus élevées ; — son immeuble, il est vrai, a deux façades qui lui donnent une valeur industrielle plus considérable..... Nous avons traité avec lui au prix de 190,000 francs : c'est bien cher, mais nécessité n'a pas de loi, lorsqu'elle reste dans des limites financièrement acceptables.

» De ce côté enfin, M. le Préfet a obtenu encore du propriétaire de la maison dite « Villa Romaine », une promesse de vente moyennant 25,000 francs. Cet emplacement étant indispensable pour le développement de l'Établissement, nous pensons qu'il y a lieu de ratifier de ce chef les engagements conditionnels pris par l'autorité préfectorale.

» Restait l'hôtel Boyer-Bertrand. Je ne sais quelle malchance poursuit le département toutes les fois qu'il est en projet d'acquisition de cette propriété.

» Vous savez, Messieurs, que déjà il y a quelques années, une promesse de vente avait été consentie par les propriétaires indivis de cet immeuble. Le prix était de 250,000 francs. Quoique ce chiffre parût bien élevé, à raison de la source thermale existant sous les bâtiments, le Conseil général en aurait voté l'acquisition lorsque, au dernier moment, il vous fut révélé que cet hôtel n'était pas mitoyen avec l'Établissement, et qu'entre les deux il se trouvait encore la maison Chanonat.

» Sous l'impression fâcheuse que causa cette révélation, le projet de traité fut presque à l'unanimité répoussé par vos devanciers.

» Instruits par l'expérience, voulant sans nul doute éviter dans l'avenir de semblables mécomptes, les propriétaires de l'hôtel Boyer-Bertrand achetèrent 80,000 francs, paraît-il, la maison Chanonat.

» Ils obtinrent de plus du Conseil d'Etat l'autorisation d'exploiter la source captée par eux dans les sous-sols de leur immeuble.... l'Administration ayant eu le tort de négliger jusqu'à ces dernières années de faire décréter un périmètre de protection pour notre Établissement thermal.

» C'est dans ces conditions nouvelles, évidemment plus favorables pour les vendeurs que nous nous sommes trouvés lorsqu'il s'est agi d'entrer en pourparlers avec eux pour l'acquisition de leur propriété.

» Acceptant pour base le chiffre énorme de 250,000 francs proposé lors du premier traité, y ajoutant les 80,000 francs de l'acquisition Chanonat, surélevant encore ce prix de 20,000 francs à raison de l'autorisation obtenue, nous comptions offrir 350,000 francs de l'ensemble de l'hôtel.

» C'était une évaluation excessive, surtout si l'on tient compte de la superficie bien peu considérable de cet immeuble (400 mètres environ), et de l'abandon que nous faisions aux vendeurs de tous les matériaux de la construction, si bien que c'était un terrain nu, un emplacement, que nous achetions près de 900 francs le mètre !

» Eh bien ! Messieurs, nous avons le regret, nous avons la réelle douleur de constater que ces propositions ont été systématiquement rejetées... par l'un au moins des propriétaires de cet hôtel.

» Je dis l'un, Messieurs, car je manquerais à la vérité et à la justice si je ne vous faisais connaître que, de la part de MM. Albanel et Cohadon, deux des propriétaires indivis, nous avons trouvé des propositions fermes partant de 400,000 francs, et nous laissant l'espoir de se voir réduire à un chiffre sensiblement moins élevé.

» Que n'avons-nous eu affaire à eux seuls ! Au prix de concessions réciproques, l'entente se fût certainement produite, et nous ne nous verrions pas forcés, au moins pour l'heure actuelle, à laisser relativement incomplète l'œuvre que nous espérions mener à bonne fin et qui eût donné à notre Établissement le *summum* de son développement.

» Mais à côté de MM. Cohadon et Albanel, se trouvait un autre copropriétaire qui jusqu'à la dernière heure a refusé même de nous fixer le chiffre auquel il voudrait traiter.

» Faites-moi exproprier, répondait-il à nos instances, oubliant que dans votre session d'avril 1887, vous aviez énergiquement approuvé le passage de notre rapport dans lequel nous vous disions que votre Commission était résolûment disposée à éviter à tout prix les *alea* des expropriations et à ne faire d'autres achats que ceux qui pourraient être obtenus par voie amiable.

» Fixons la valeur à dire d'expert, nous disait-on encore, comme si vendeurs et acquéreurs n'étaient pas majeurs, maîtres de leurs droits et libres de discuter, en dehors de toute autre intervention, le chiffre de l'offre et de la demande.

» Oui, nous en avons l'espérance, des jurés ou des arbitres, sérieusement imbus de leur mission, auraient évalué l'hôtel Boyer-Bertrand à un chiffre moins élevé que celui dont nous avions consenti à faire le sacrifice.

» Mais n'eussions-nous pas été mille fois imprudents en courant les risques de ces expropriations dont les résultats scandaleux étaient naguère encore signalés à la Chambre des députés et qui font désirer à tous les esprits sages le remaniement de la loi de 1841 ?

» N'exposions-nous pas le Département à des mécomptes financiers dans lesquels pouvait crouler tout l'avenir de notre Établissement thermal ?

» Traiter à des conditions même onéreuses, nous y étions décidés : mais jouer à une sorte de loterie, n'eût été ni sage, ni moral, ni digne du Conseil général.

» Pas un d'entre nous n'a hésité à repousser une semblable solution.

» Il est vrai de reconnaître que lorsqu'on a vu que la Commission refusait de laisser sacrifier ainsi les intérêts départementaux..... lorsqu'on a vu arriver le moment où vous alliez prendre une résolution définitive, on s'est peu à peu départi de cette attitude de la première heure : successivement et en moins de quelques jours, on s'est décidé à formuler des chiffres : 420,000 francs, 400,000, auxquels il aurait fallu ajouter une indemnité pour un locataire qui occupe l'un des magasins du rez-de-chaussée. Hier soir enfin, cette demande d'indemnité était écartée, et on s'offre à traiter pour 400,000 francs.

» Votre Commission ne saurait entrer dans une pareille voie. L'obstination mise au début des négociations, à rejeter toutes nos propositions, nous a forcé à nous assurer les cessions de l'hôtel de l'Univers et de l'hôtel de France.

» Nous avons dépensé ainsi en acquisitions :
» 1° Acquisition de l'hôpital............... 158.000ᶠ »
» 2° Acquisition de la villa Romaine........ 25.000 »
» 3° Acquisition des hôtels de l'Univers et de France...................................... 320.000 »

Total.............. 503.000 »

» Si nous y avions ajouté les 400.000 francs de l'hôtel Boyer-Bertrand, nous nous serions élevés à un chiffre de 903,000 francs, nous laissant un reliquat insuffisant pour réaliser dans l'Établissement tout le programme basé sur les désidérata des hommes de l'art.

» Revenir sur ce qui avait été fait eût constitué non-seulement une sorte de violation des engagements pris ; c'eût été, encore, si je puis me servir de cette expression, donner aux ouvriers de la dernière heure, à ceux qui ont mis la plus mauvaise volonté à s'associer à notre œuvre de transformation et de progrès, une sorte de prime d'encouragement qui eût été aussi mal accueillie par vous que par l'opinion publique.

» Nous avons donc été unanimes à déclarer qu'il y avait lieu d'ajourner l'acquisition de cet hôtel.

» Je dis : *ajourner*, car j'ai l'espérance que, d'une part, lorsqu'une licitation aura remis toute la propriété de cet immeuble entre les mains d'une seule personne, assumant la responsabilité entière de ses décisions, elle comprendra que nos offres étaient non-seulement très larges, mais qu'elles dépassaient en réalité la valeur de ce que nous voulions acquérir, et faisant un acte de bonne administration de père de famille, elle sera la première à nous demander de les réaliser.

» A ce moment, notre propriété départementale sera entre les mains d'un concessionnaire qui aura pu apprécier toute l'importance de son entreprise et qui, moins effrayé qu'à la première heure du chiffre des sommes nécessaires pour en assurer le complet développement, sera certainement disposé comme nous à trouver un moyen financier pour permettre ce supplément d'acquisition...

» Nous ne désirons qu'une chose, c'est que cet accord se produise le plus tôt possible, et pour bien établir que c'est là le vœu le plus ardent de votre Commission, il a été entendu avec M. Camut que les plans seraient conçus de telle façon que l'adjonction de l'Hôtel Boyer-Bertrand pourrait s'exécuter sans nuire en rien aux lignes architecturales adoptées et sans nécessiter le moindre remaniement de ce qui serait déjà construit.

» Seulement que les parties intéressées le sachent bien ! Ce n'est ni par la menace, ni par l'intimidation, ni moins encore en provoquant les plus malsaines agitations, qu'elles trouveront bon accueil auprès du Conseil général, mais bien uniquement en se plaçant sur le terrain de la vérité et de la justice.

» Sur un autre point, M. le Préfet et votre Commission n'ont pas été plus heureux qu'en ce qui concerne l'hôtel Boyer-Bertrand.

» Nous avions l'espoir, pour agrandir l'établissement des vapeurs, de traiter avec le propriétaire de l'hôtel de l'Union. Il nous avait été dit que cet immeuble valait de 35 à 40,000 fr.; on en a demandé à M. le Préfet 100,000 francs... Il est vrai qu'on a, plus tard, toujours comme pour l'hôtel Boyer-Bertrand, émis des prétentions moins fantaisistes; mais nous étions encore trop loin de compte pour donner suite à ces projets d'acquisition, surtout après avoir reçu de M. Camut l'assurance que, grâce à la communication possible entre les deux établissements, il n'était plus indispensable d'agrandir le bâtiment des vapeurs.

» Pardonnez-moi, Messieurs, ce long exposé des travaux de votre Commission spéciale; quelque aride qu'il ait été, il était nécessaire pour justifier les conclusions que nous avons l'honneur de vous soumettre et qui tendent à autoriser M. le Préfet à réaliser, aussitôt après l'adjudication, les promesses de vente à lui consenties:

» 4° Par la communauté du Bon-Pasteur, moyennant 158,000 francs;

» 2° Par M. Musati, propriétaire de la Villa Romaine, moyennant 25,000 francs;

» 3° Par M. Dourif, propriétaire de l'hôtel de France, moyennant 130,000 francs;

» 4° Par M. Chassagne, propriétaire de l'hôtel de l'Univers, moyennant 188,000 francs.

» Grâce à ces acquisitions, si nous n'obtenons pas tout ce que nous pouvions espérer, nous avons la certitude que nous avons déjà l'emplacement nécessaire pour créer un établissement de premier ordre, tant au point de vue de l'art qu'au point de vue médical. »

DISCUSSION.

M. Bardoux croit être l'interprète du Conseil général tout entier, en adressant à la Commission spéciale et à son honorable rapporteur ses plus vives félicitations pour le travail important et remarquable dont chacun a suivi les développements avec le plus grand intérèt ; il est persuadé que l'œuvre entreprise sera couronnée de succès ; il prie seulement M. le Rapporteur de bien fixer l'assemblée départementale sur les conséquences que pourrait avoir une concurrence qu'on chercherait à créer au préjudice du département, en exploitant la source Boyer-Bertrand.

M. Octave Burin des Roziers remercie son éminent collègue des éloges trop flatteurs qu'il veut bien lui décerner. Il le remercie aussi de lui permettre de dissiper les craintes qu'a fait naître dans quelques esprits l'insuccès des négociations enta·mées avec les propriétaires de l'hôtel Boyer-Bertrand.

Ces craintes, dit-il, sont de deux sortes :

En approfondissant la source qu'ils ont obtenu l'autorisation d'exploiter, ces propriétaires ne peuvent-ils pas porter atteinte au rendement des sources départementales et notamment de celle dite de la Madeleine ?

Et, en tous cas, l'exploitation privée de cette source ne peut-elle pas, à un moment donné, créer une concurrence fâcheuse à notre propre Etablissement?

Sur ces deux points, Messieurs, vous pouvez être entièrement rassurés.

Tout d'abord, l'autorisation obtenue par les propriétaires de l'hôtel Boyer-Bertrand, et dont le texte nous a été remis sous les yeux, indique expressément qu'aucun travail de captage ne pourra plus être opéré sans le consentement de l'Administration et sans l'avis de MM. les Ingénieurs des mines.

D'un autre côté, la fixation du périmètre de protection a pour résultat indiscuté, indiscutable, de rendre impossibles tous travaux d'affouillements nouveaux que seraient tentés d'exécuter les propriétaires compris dans ce périmètre... Si bien que, même pour refaire ou creuser des murs de fondation, ils seraient astreints de se conformer, soit aux indications, soit aux *défenses* qui leur seraient signifiées par MM. les Ingénieurs des mines.

Les sources départementales n'ont donc aucun risque à courir de ce voisinage qu'on voudrait faire considérer comme dangereux et qui en réalité est entièrement inoffensif.

La concurrence dont on nous menace depuis si longtemps ne saurait plus être sérieuse.

Vous connaissez, Messieurs, quelle abondance d'eaux thermales contient la propriété départementale.

Vous n'avez pas oublié les conclusions du très remarquable rapport qui nous fut fait, le 15 septembre 1886, par les membres de la Société médicale, et dans lequel sont exposés tous les desiderata de la science avec une telle compétence, avec une si grande netteté, que nos efforts ont tendu constamment à leur donner, dans la limite du possible, la plus large satisfaction.

« Les sources actuelles du Mont-Dore, y est-il dit, sauf la

source Saint-Jean qui ne sert que pour les bains hyperther-
maux et la source Nouvelle non encore captée et dont le débit
est de 88,800 litres d'eau par jour, fournissent, dans les vingt-
quatre heures, 270,000 litres. »

Certains documents portent ce rendement à 420 mètres, c'est-
à-dire à un chiffre sensiblement égal à celui de toutes les sources
réunies de Vichy.

Que pourrait tenter contre une pareille richesse thermale le
capitaliste assez imprudent pour établir, avec la source Boyer-
Bertrand, une concurrence au concessionnaire du département?

Je sais trop, Messieurs, quelle réserve m'est commandée en
un pareil débat.

Il me répugnerait, il ne serait pas digne de l'assemblée au sein
de laquelle je parle, de déprécier une source que, somme toute,
nous serions heureux d'englober dans notre propriété départementale.

Mais ne puis-je pas faire remarquer que son débit ne pourra
jamais lui donner la puissance motrice d'un Etablissement
rival?

» Et cet Etablissement, où sera-t-il lui-même? Dans le seul
hôtel Boyer-Bertrand? Vous connaissez sa surface : quels services balnéaires peut-on y établir?

Fera-t-on des acquisitions d'immeuble? S'il en est ainsi, il est
probable que les prix seront sensiblement les mêmes que ceux
que nous payons pour agrandir un monument déjà bien vaste,
et, par les sacrifices que nous faisons, en prenant pour base les
chiffres réclamés par les propriétaires de cet immeuble, deman-
dez-vous s'il est un industriel sérieux qui puisse ainsi élever
baignoire contre baignoire, établissement privé contre notre
grand Etablissement départemental.

En réalité, le seul tort que pourrait causer à notre Etablissement l'exploitation rivale de la source Boyer-Bertrand provien-
drait de la vente à prix réduit que l'on pourrait faire des eaux
qui en jaillissent, soit par la création d'une buvette, soit par le
commerce d'exportation.

Pour déjouer ces espérances, notre cahier des charges accorde
la gratuité pour toutes les buvettes de l'Etablissement, et la
perte des bénéfices qui en résulte pour le concessionnaire est
largement compensée par le relèvement de certains articles du
tarif; tarif dressé, je tiens à le dire, avec le plus grand soin et
après consultation préalable de MM. les Médecins.

En ce qui touche l'exportation, il n'est pas douteux que, de
ce chef, une minuscule concurrence pourrait être tentée contre
notre concessionnaire.

Mais croyez-vous que la clientèle quittera facilement le fer-
mier de nos sources connues depuis longtemps, appréciées de
vieille date et dont les vertus curatives ne sont plus à discuter, pour courir chez le voisin, où elle ne trouvera certainement pas les *mêmes garanties* qu'au grand Etablissement?

De ce côté donc, le seul appréciable, la concurrence qu'on fait miroiter à nos yeux ne saurait être sérieuse.

Mais, encore une fois, et je tiens à le répéter en terminant ces trop longues explications, tant au point de vue architectural que pour compléter sa propriété et monopoliser toutes les sources de la station, votre Commission et le Conseil général désirent vivement que, dans un avenir aussi rapproché que possible, une entente basée sur des chiffres acceptables se produise entre les parties et donne à la fois satisfaction aux intérêts légitimes des vendeurs et à ceux non moins respectables du département.

M. Bardoux remercie de nouveau M. le Rapporteur de ces explications qu'il est heureux d'avoir provoquées, parce qu'il est souverainement désirable qu'elles soient consignées au procès-verbal de la séance.

M. le Président met aux voix les conclusions de cette première partie du rapport, tendant à autoriser M. le Préfet à passer des ventes définitives avec les propriétaires :

1° Du couvent du Bon-Pasteur, moyennant 158.000ᶠ »
2° De l'hôtel de France, — 130.000 »
3° De l'hôtel de l'Univers, — 190.000 »
4° De la villa Romaine, — 25.000 »

DÉLIBÉRATION.

Ces conclusions sont adoptées à l'unanimité.

Clermont-Ferrand, typographie Mont-Louis, rue Barbançon, 2.

CLERMONT-FERRAND. — IMPRIMERIE MONT-LOUIS, RUE BARBANÇON, 2

www.ingramcontent.com/pod-product-compliance
Lightning Source LLC
Chambersburg PA
CBHW060719280326
41933CB00012B/2497